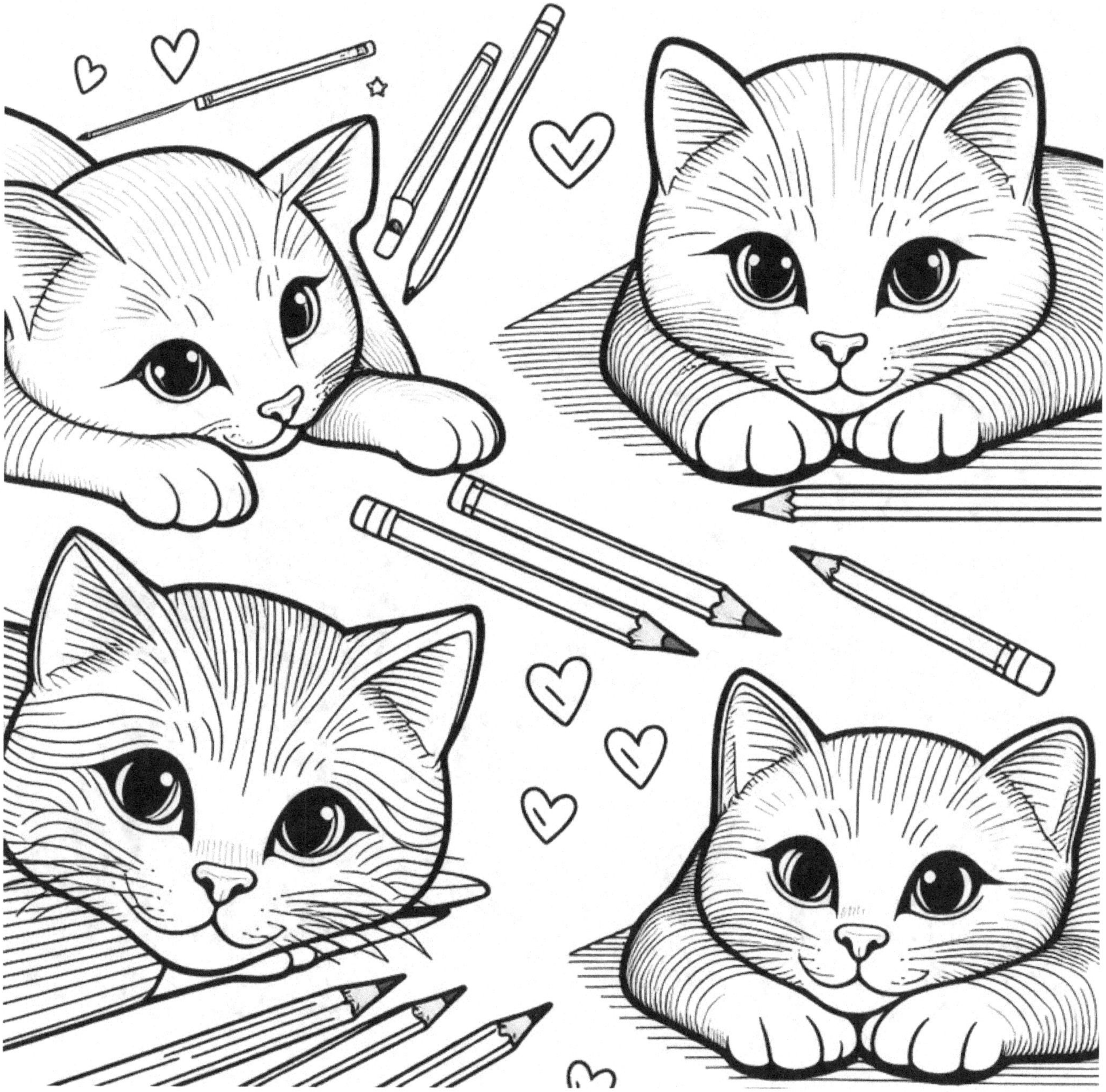

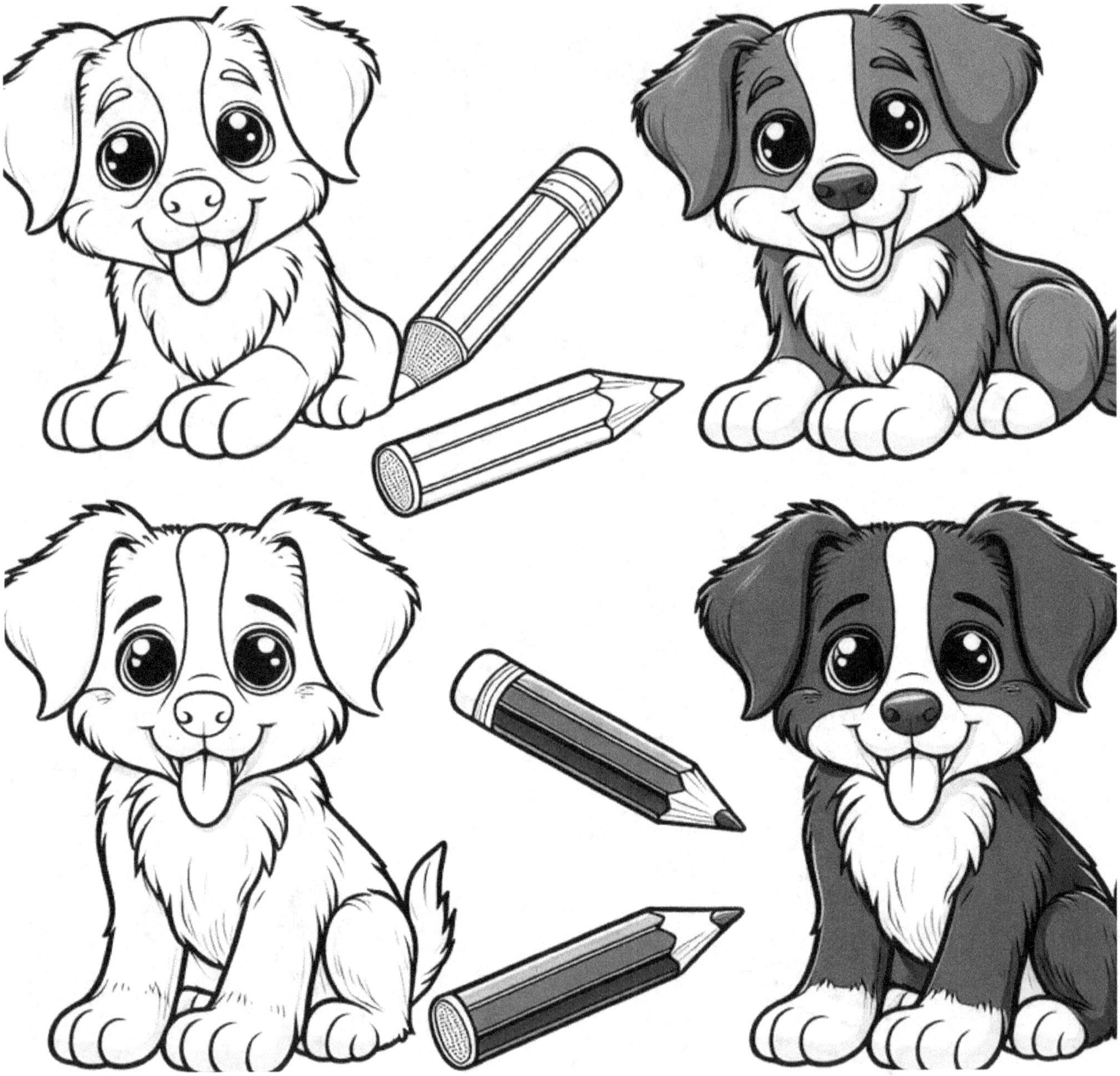

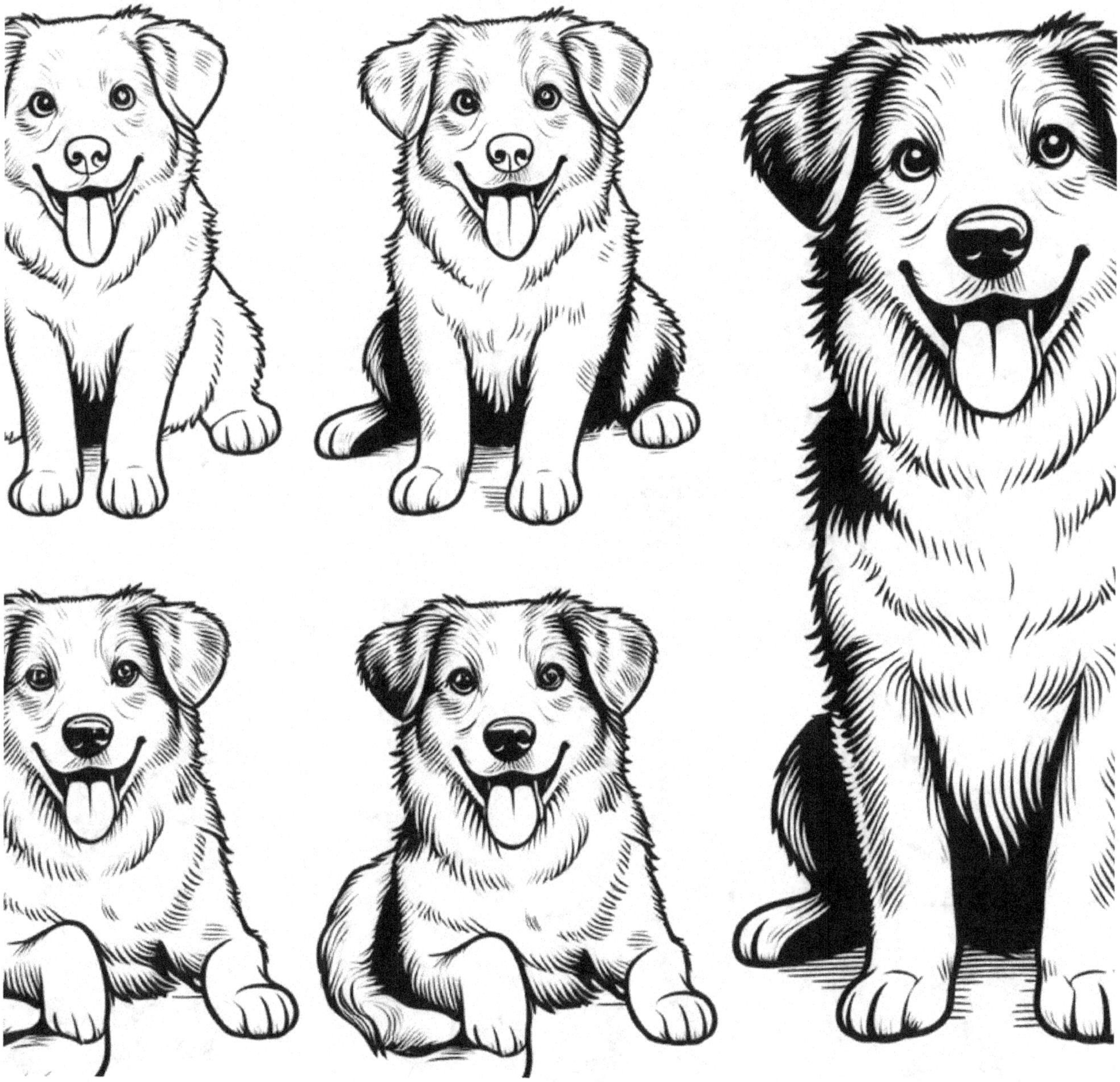

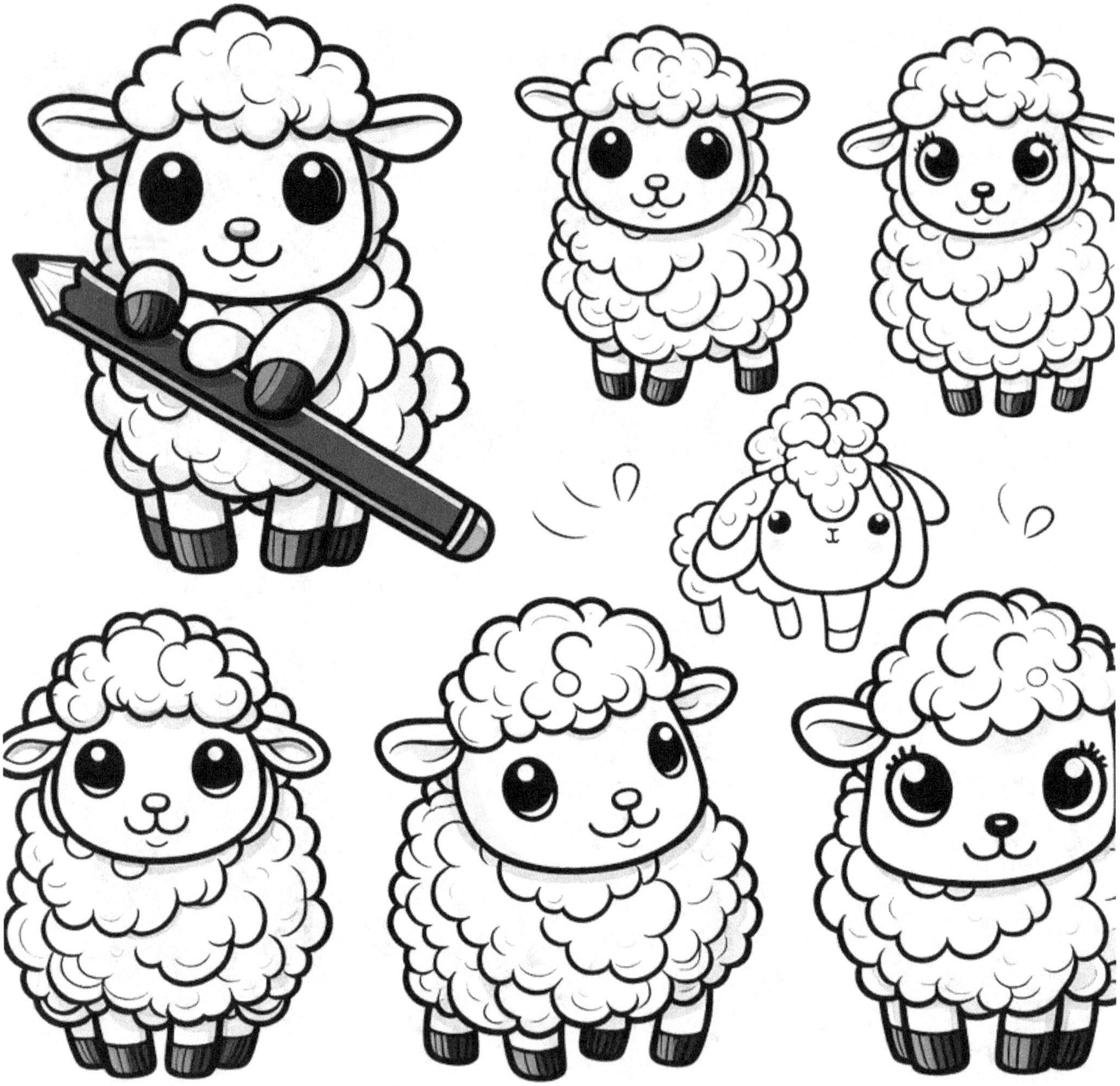

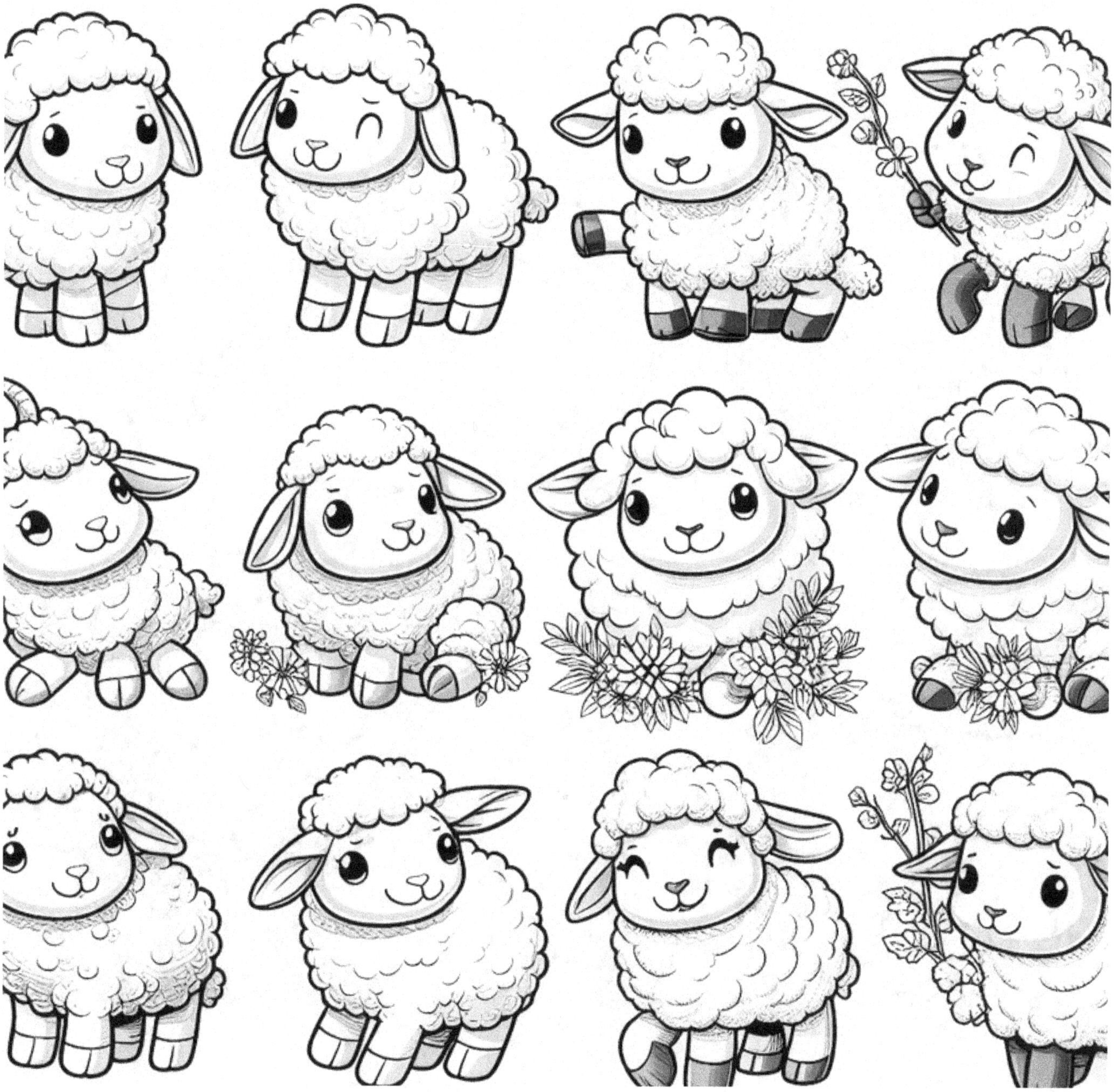

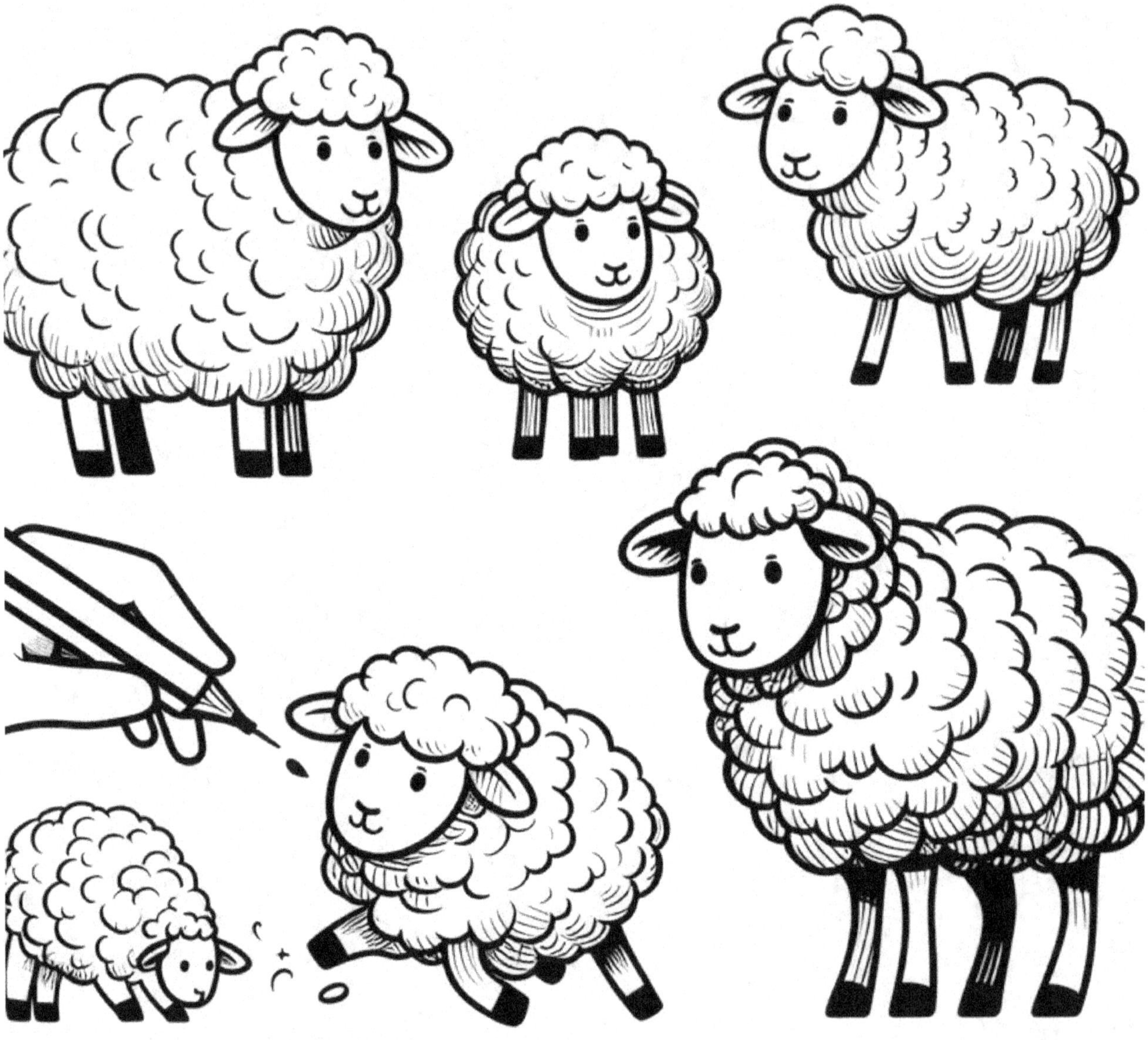

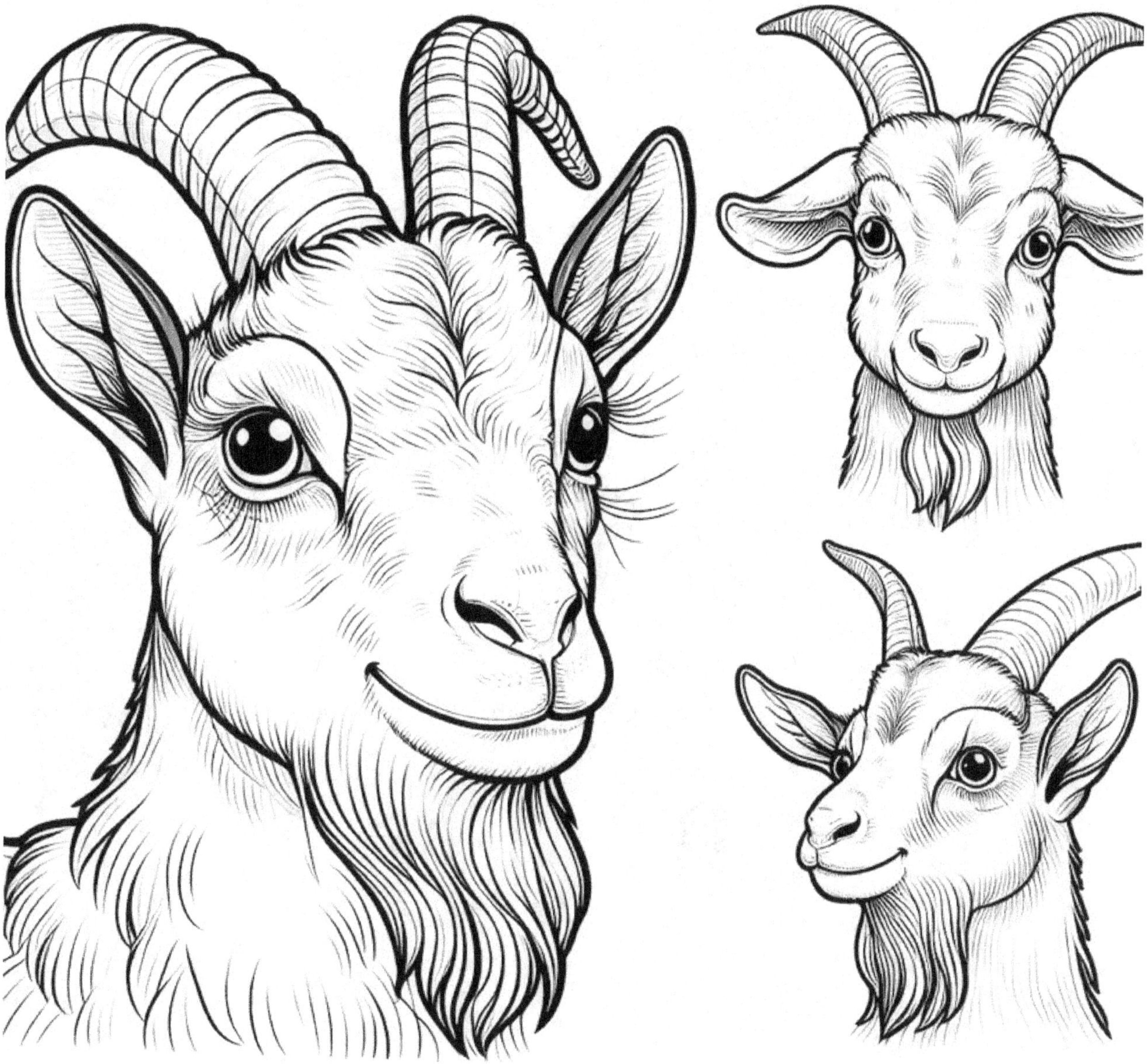

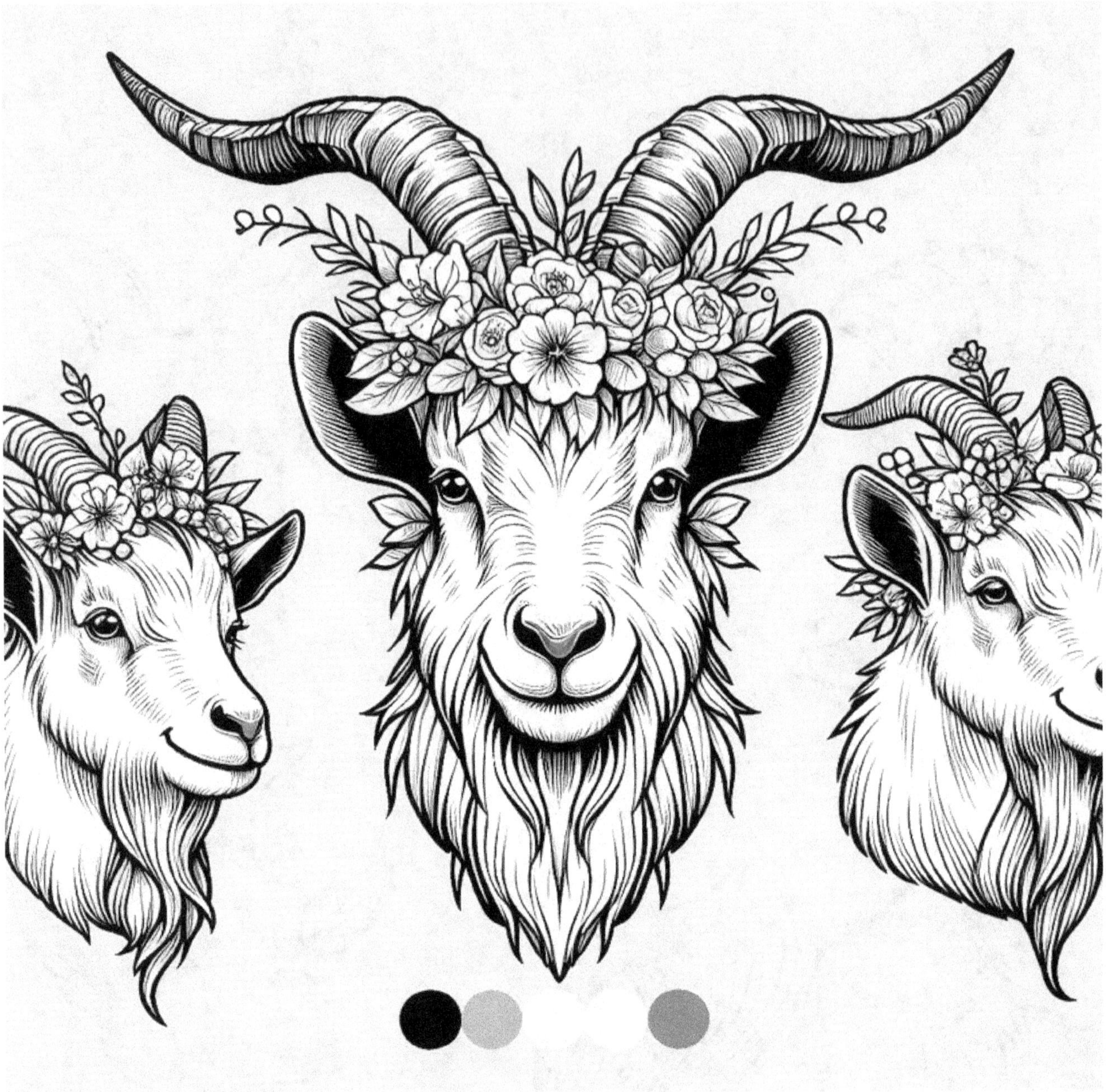

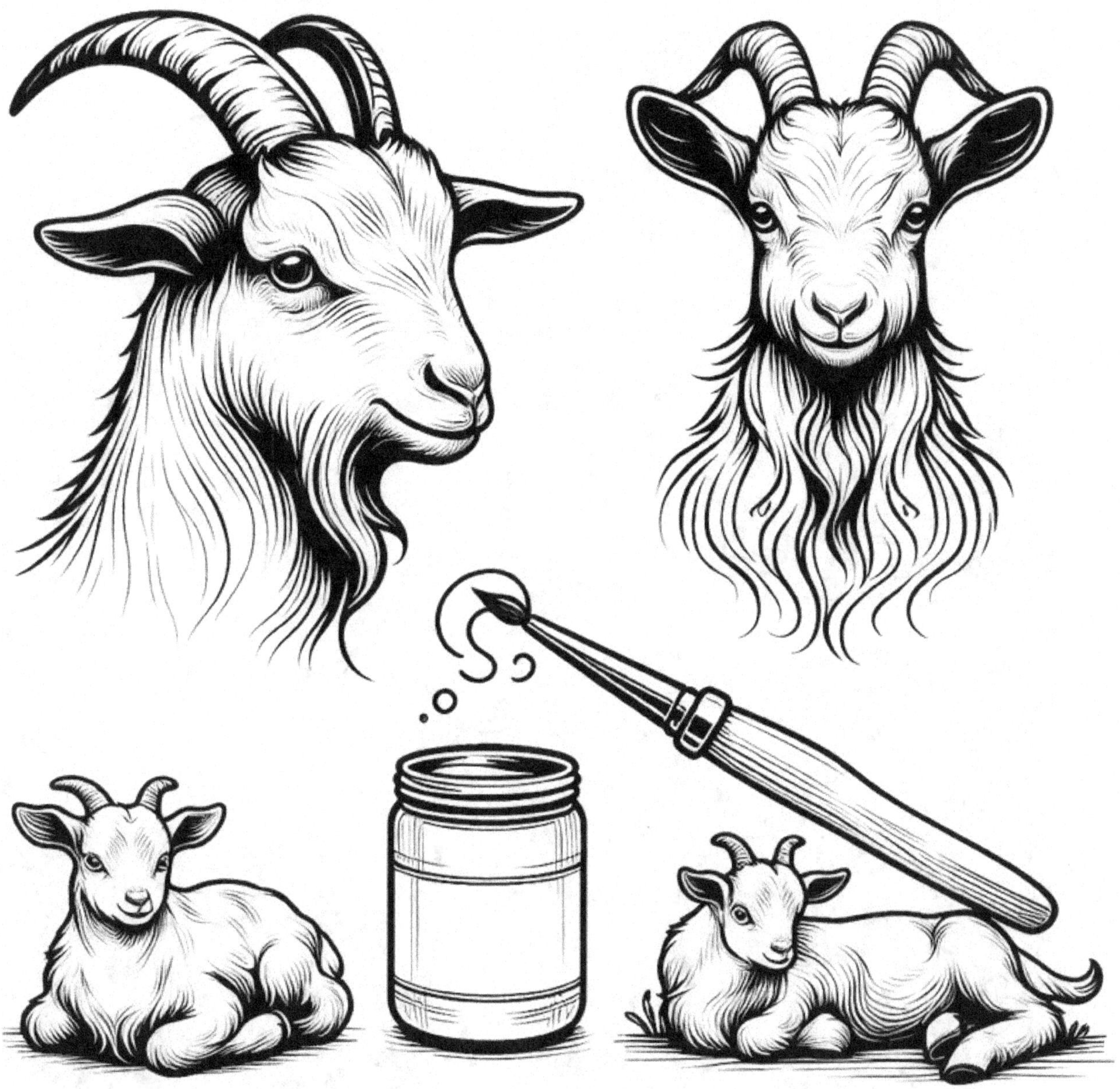

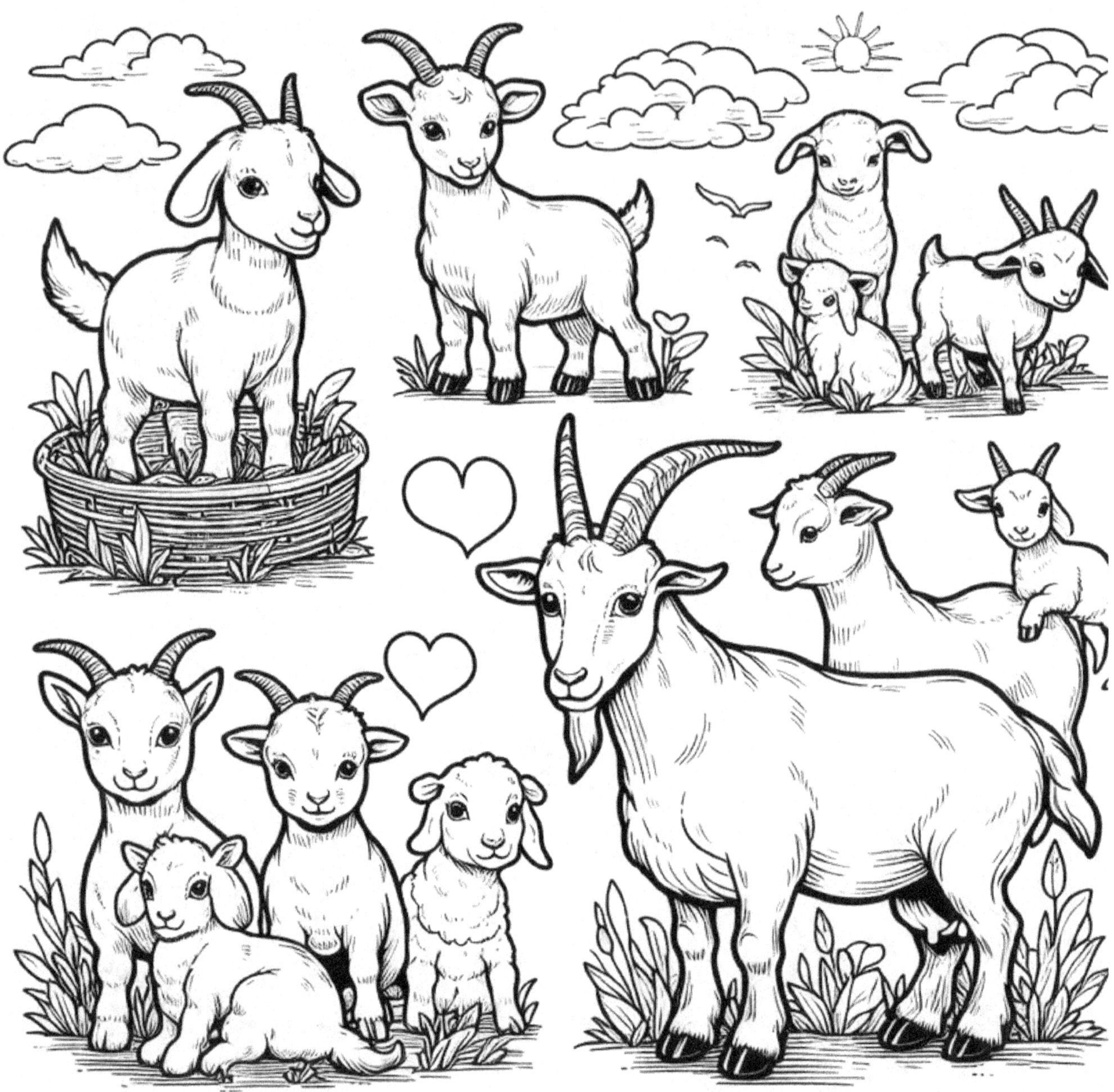

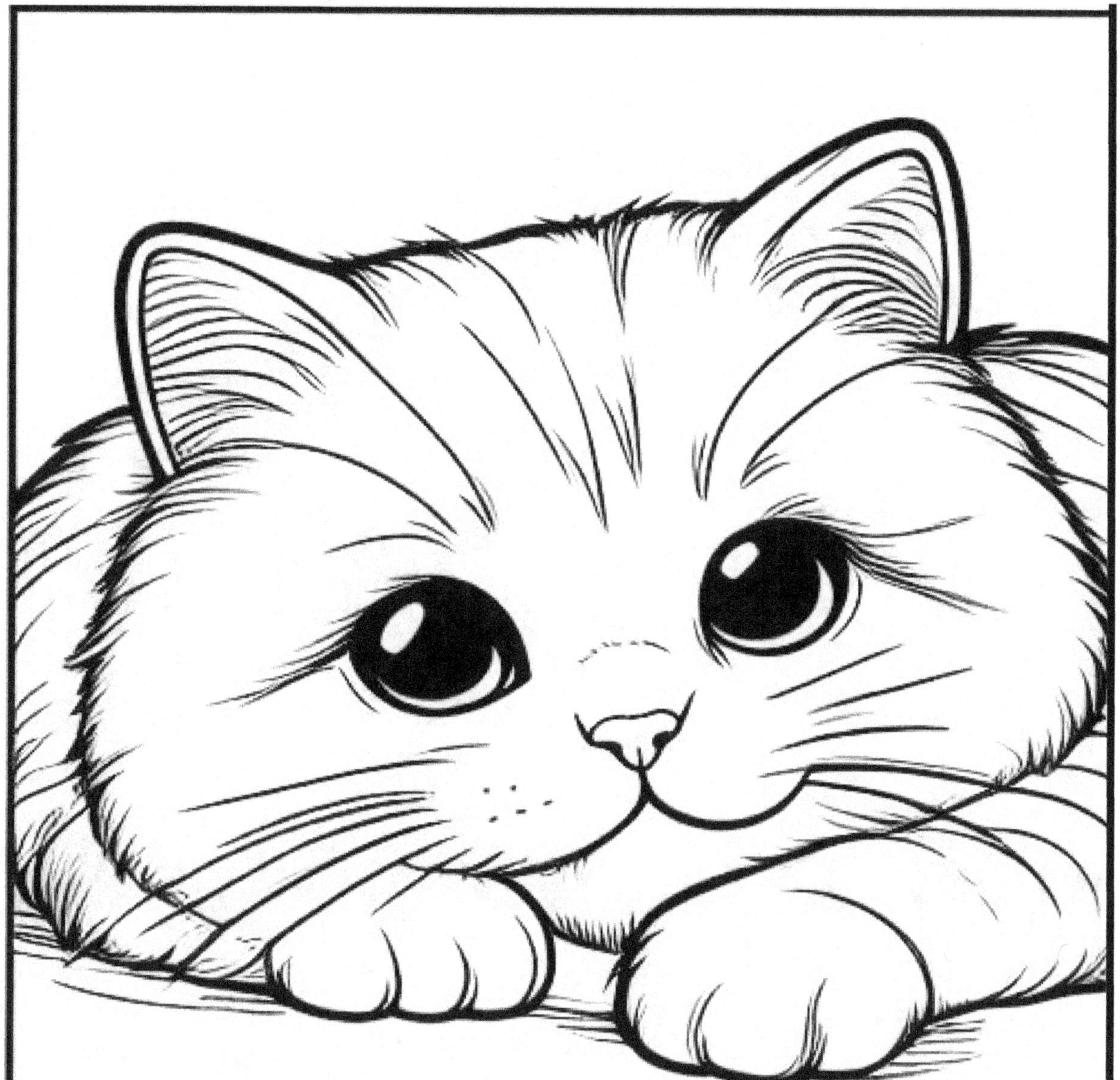

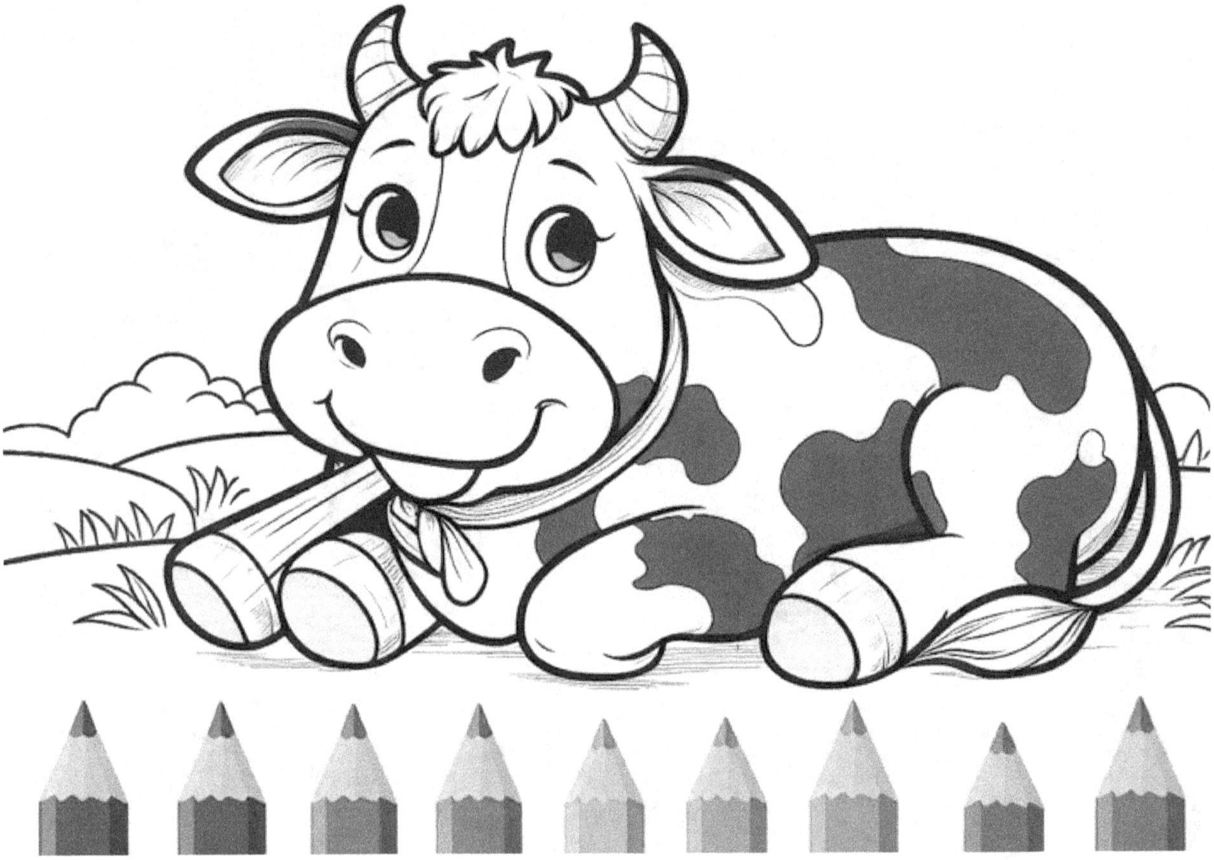

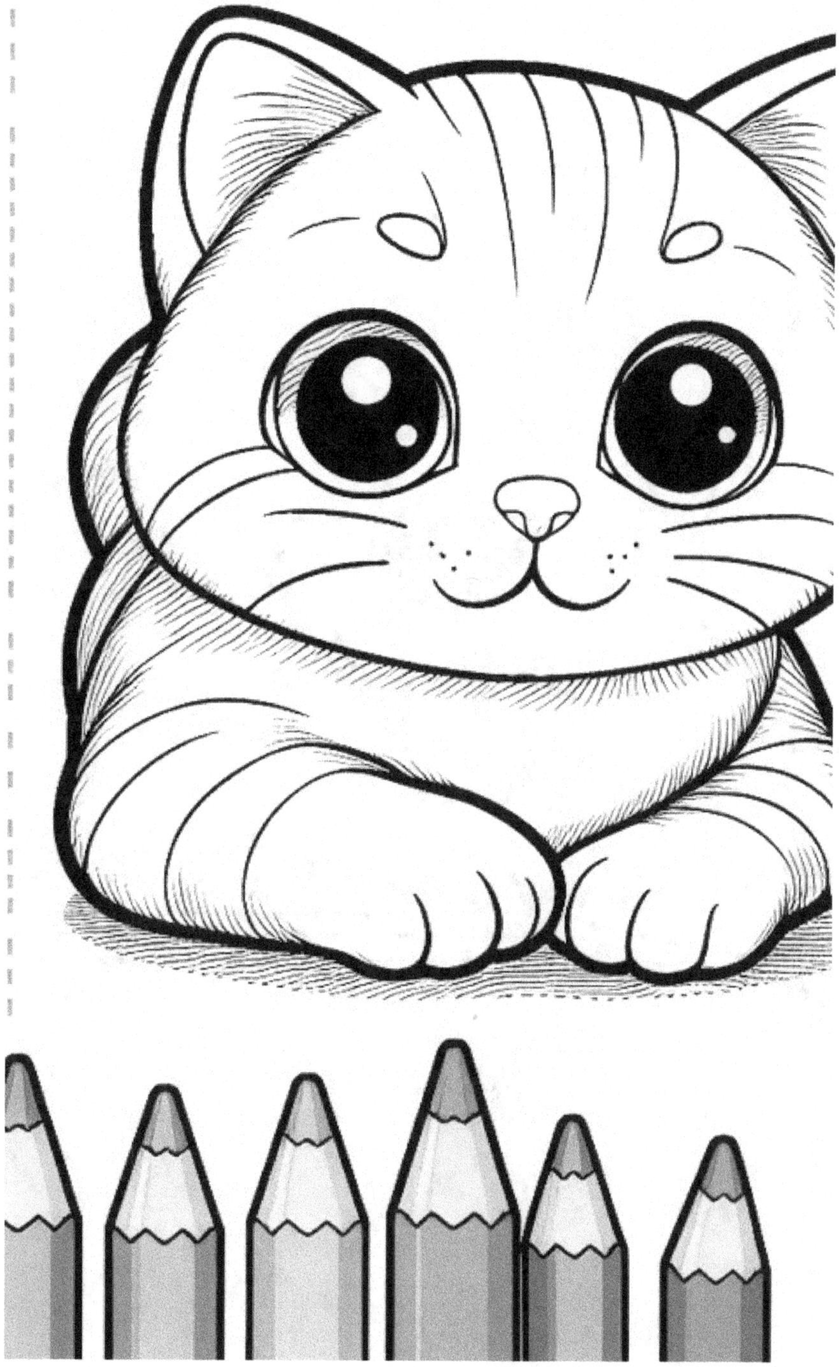

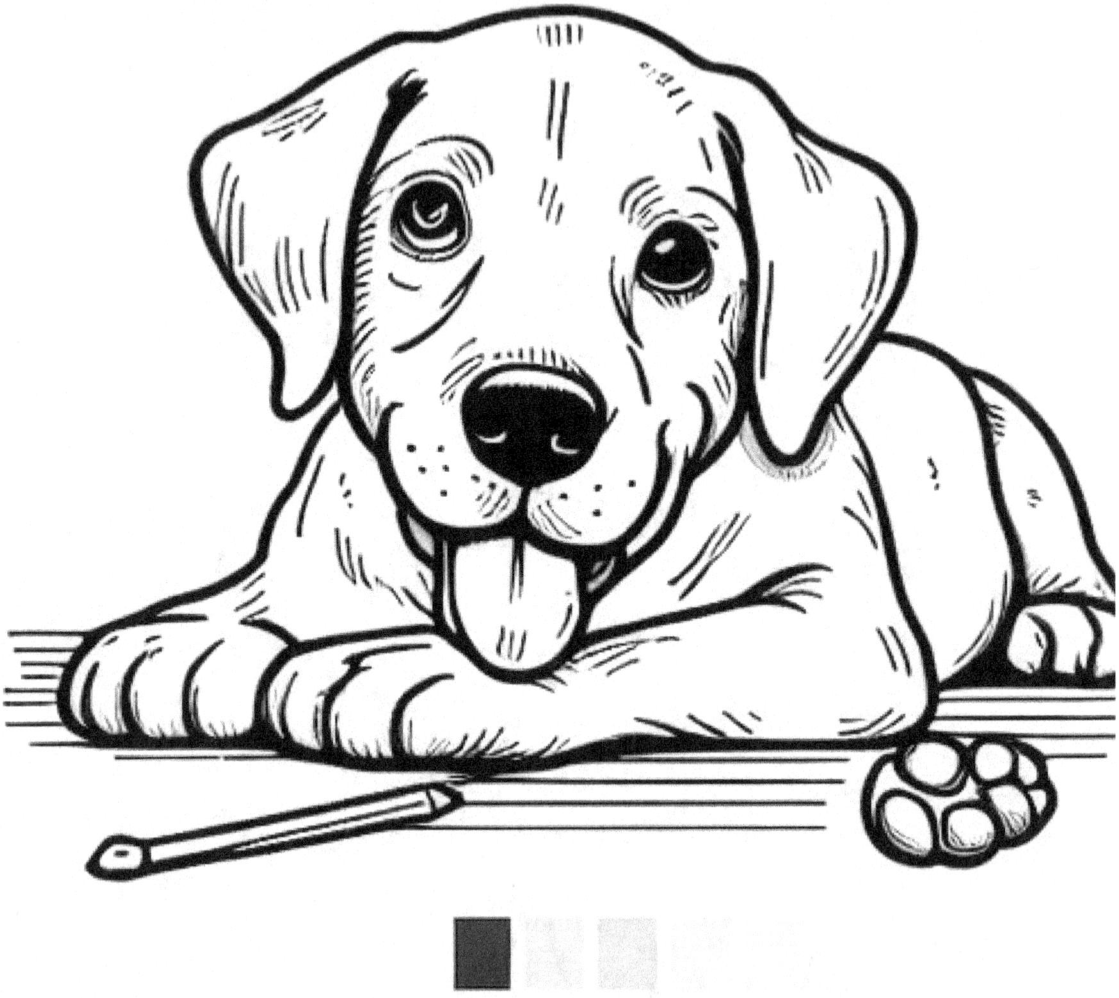

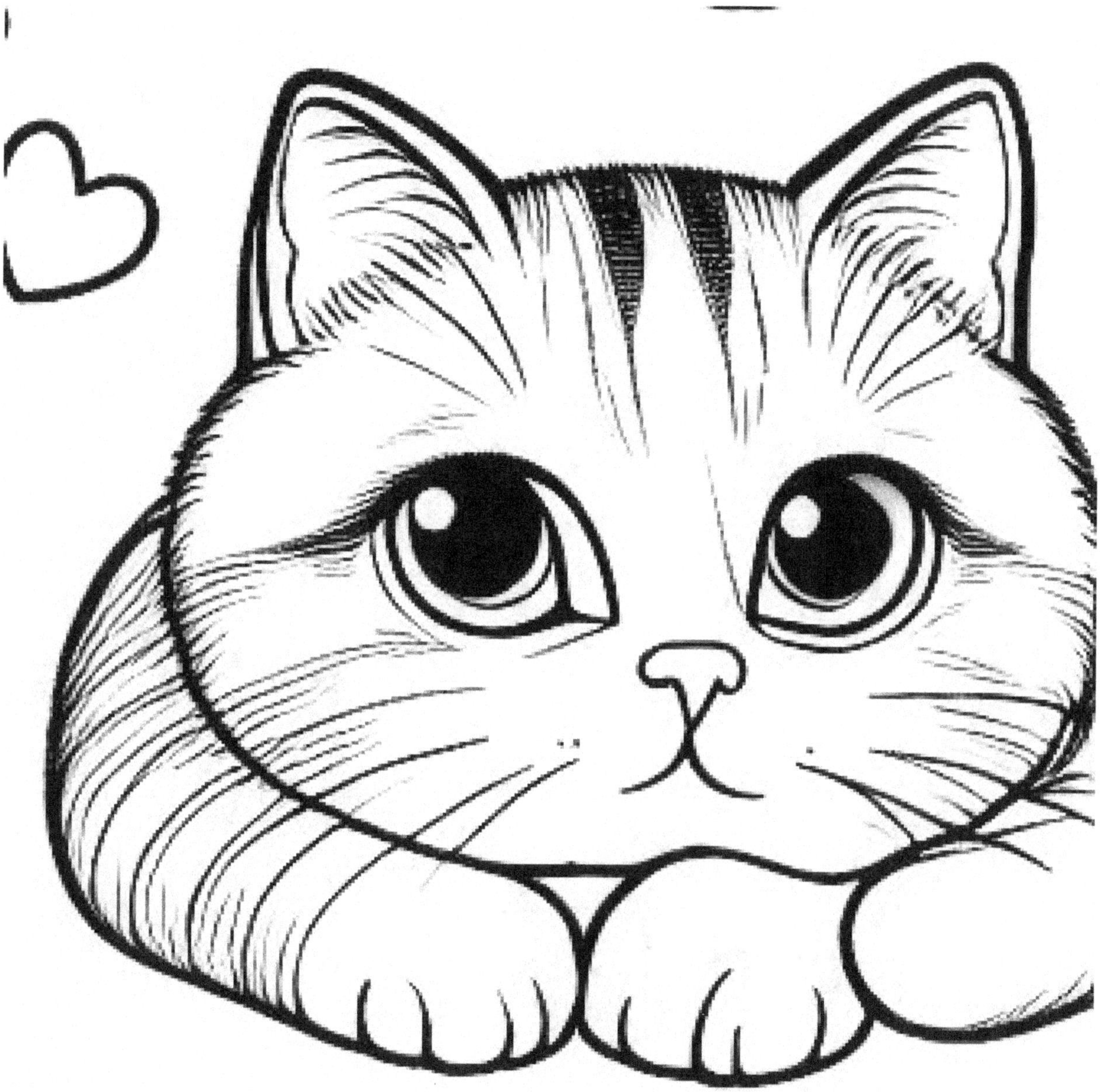

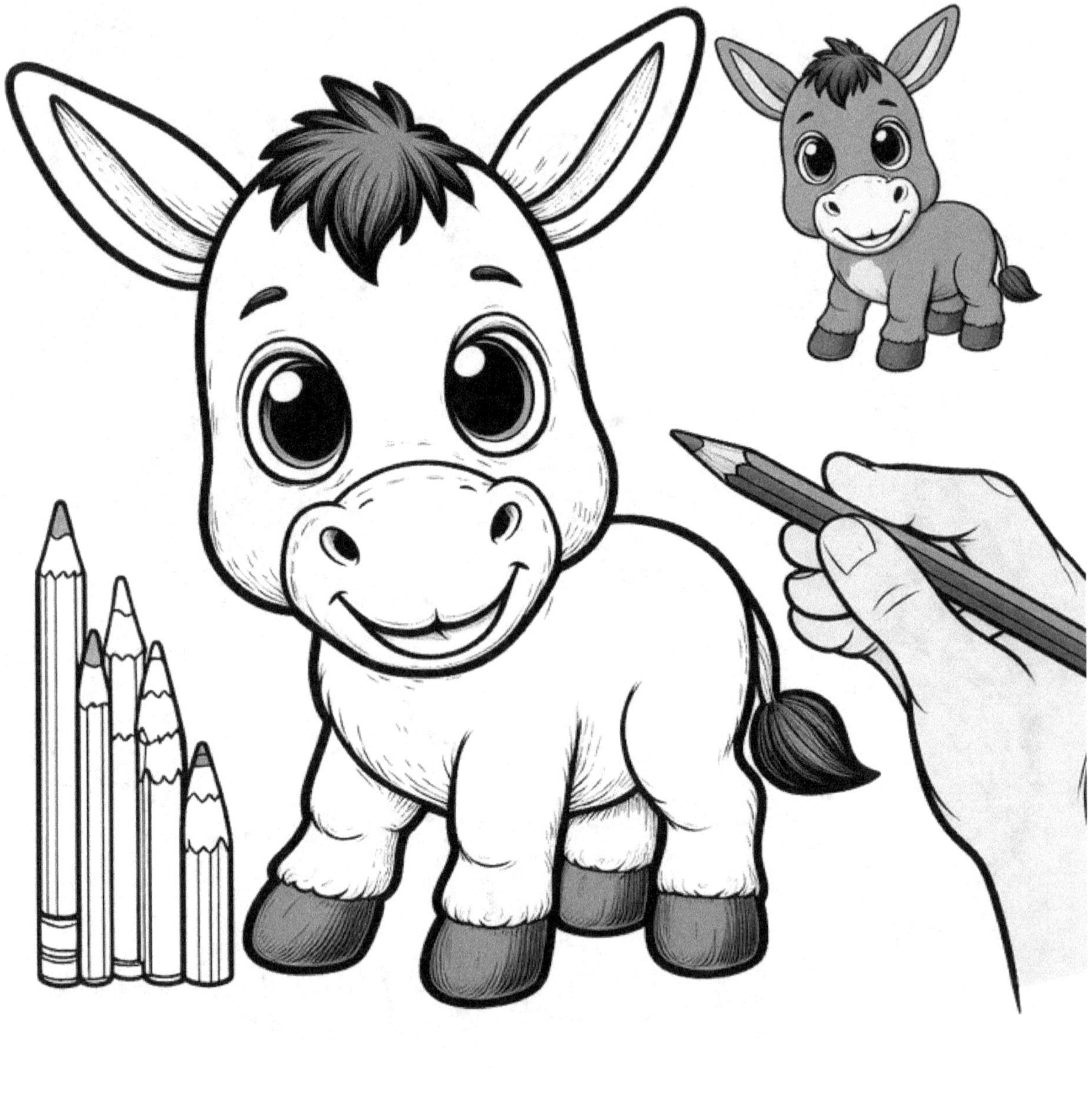

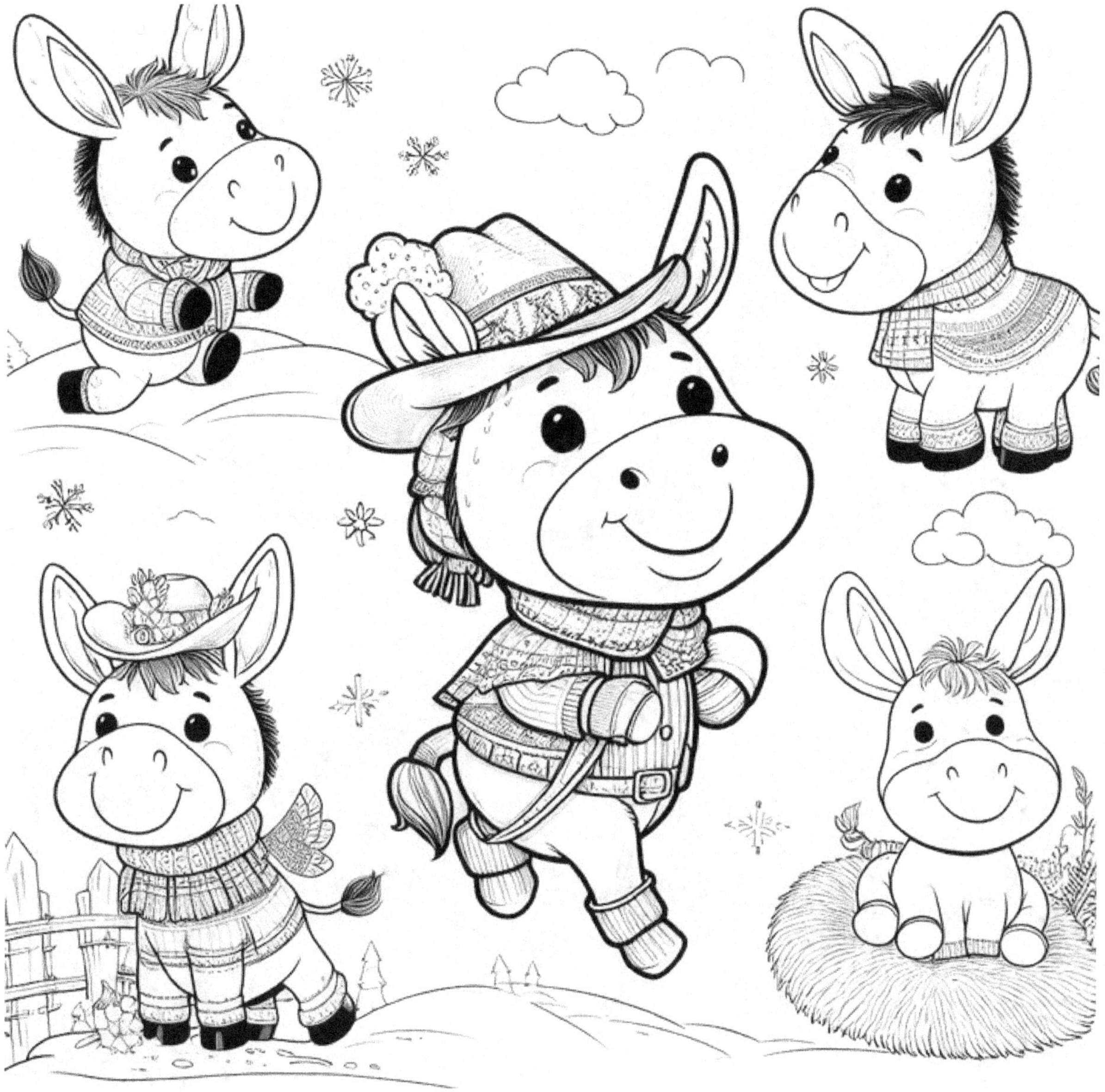

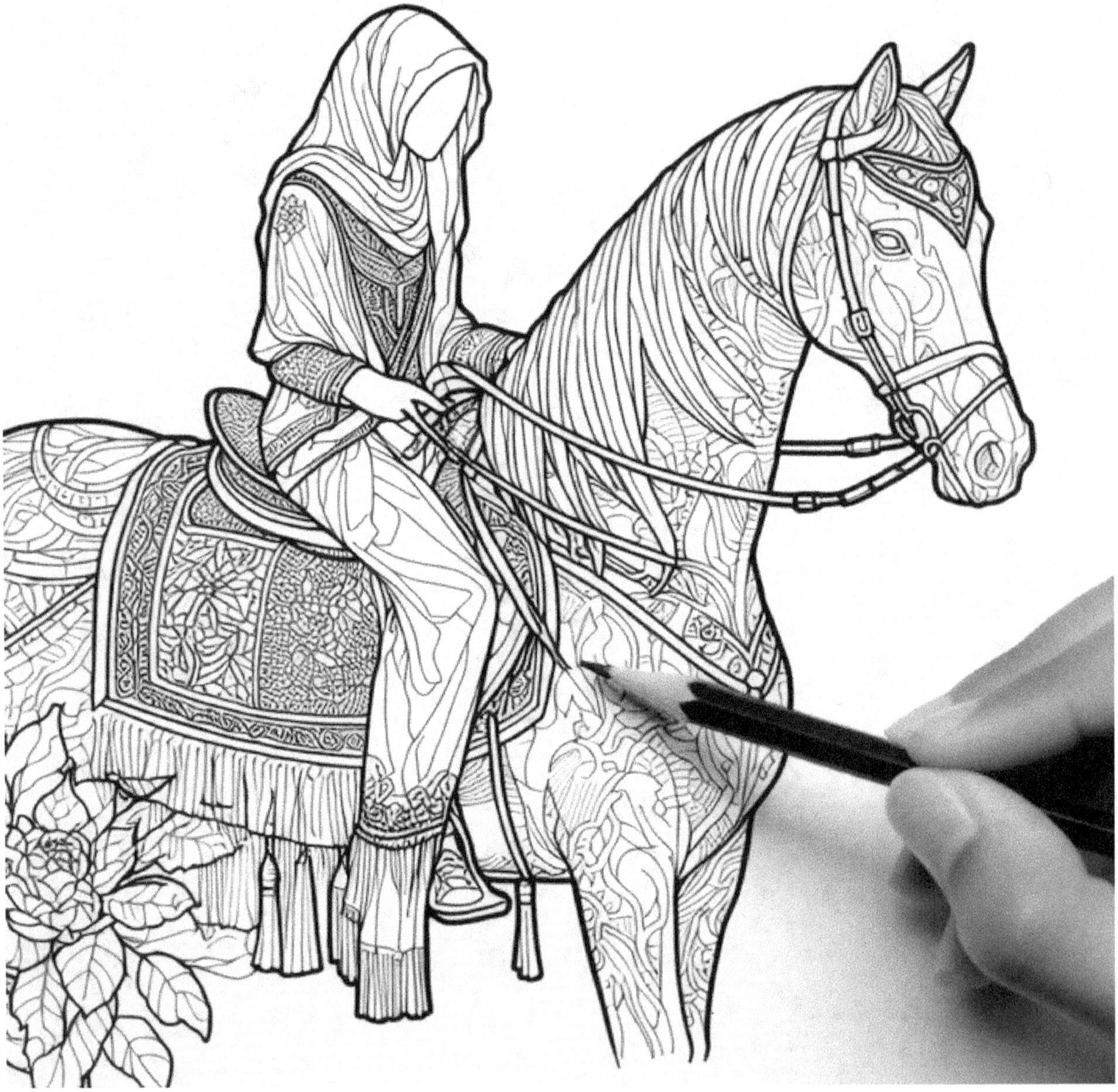

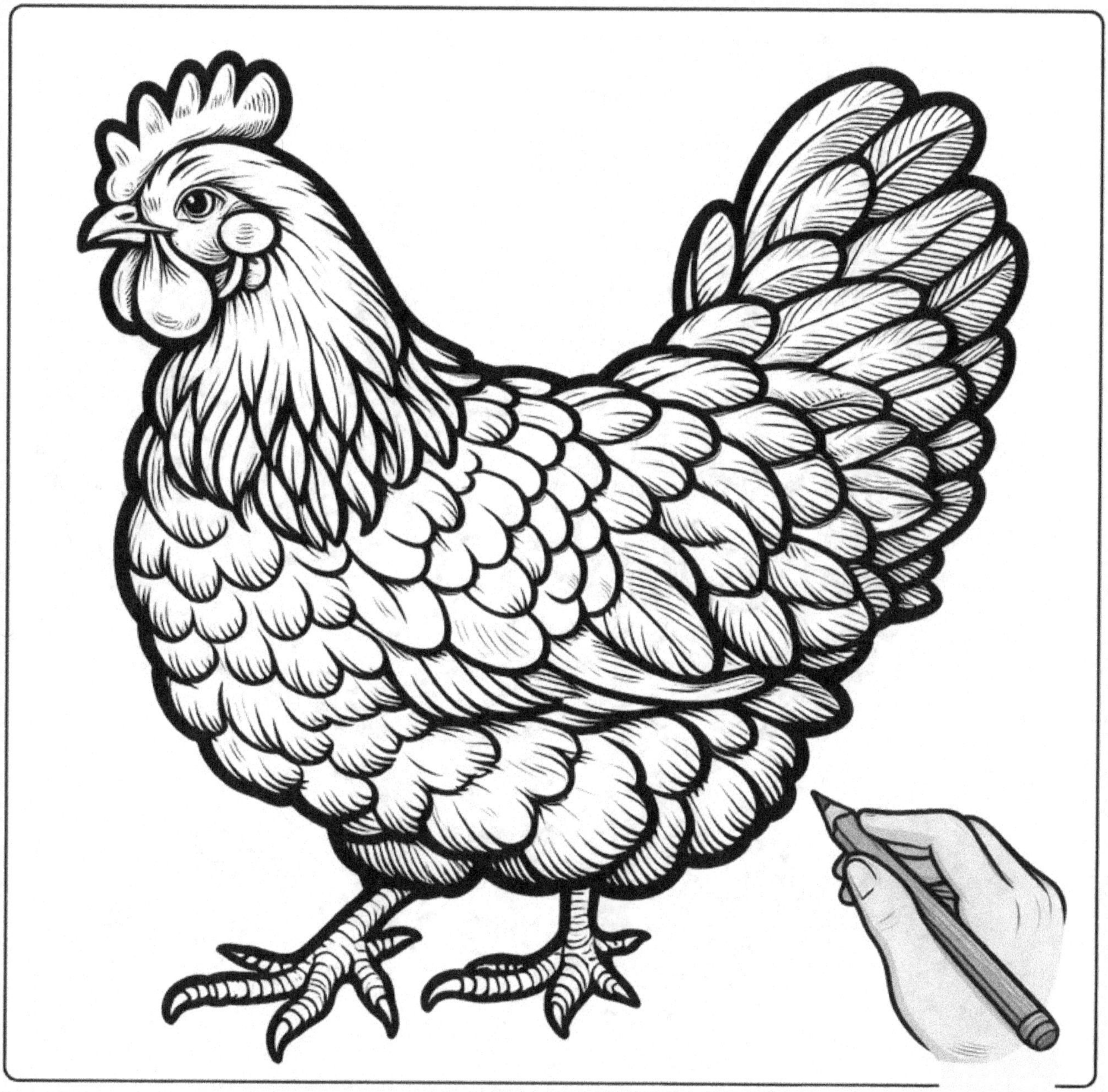

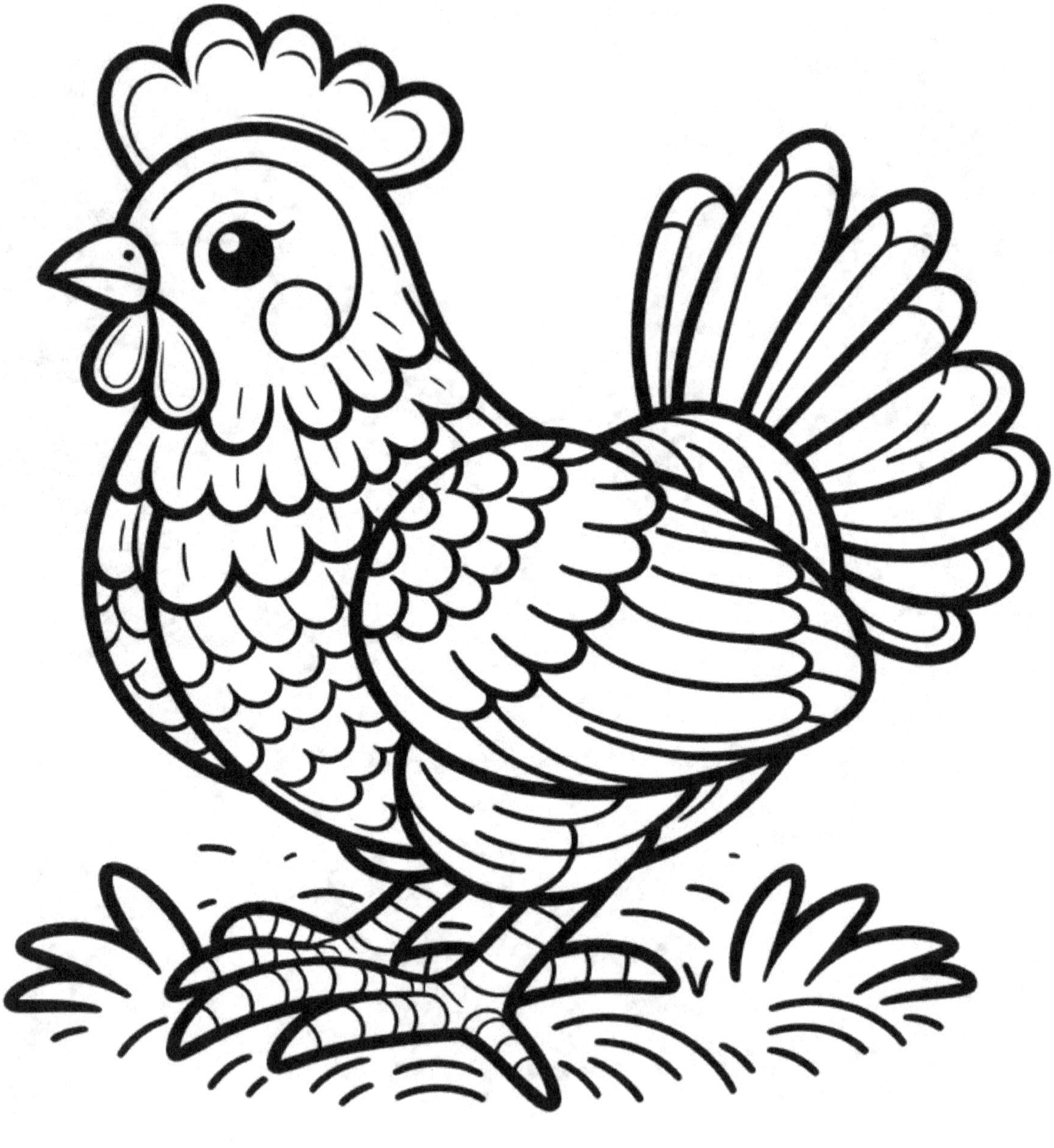

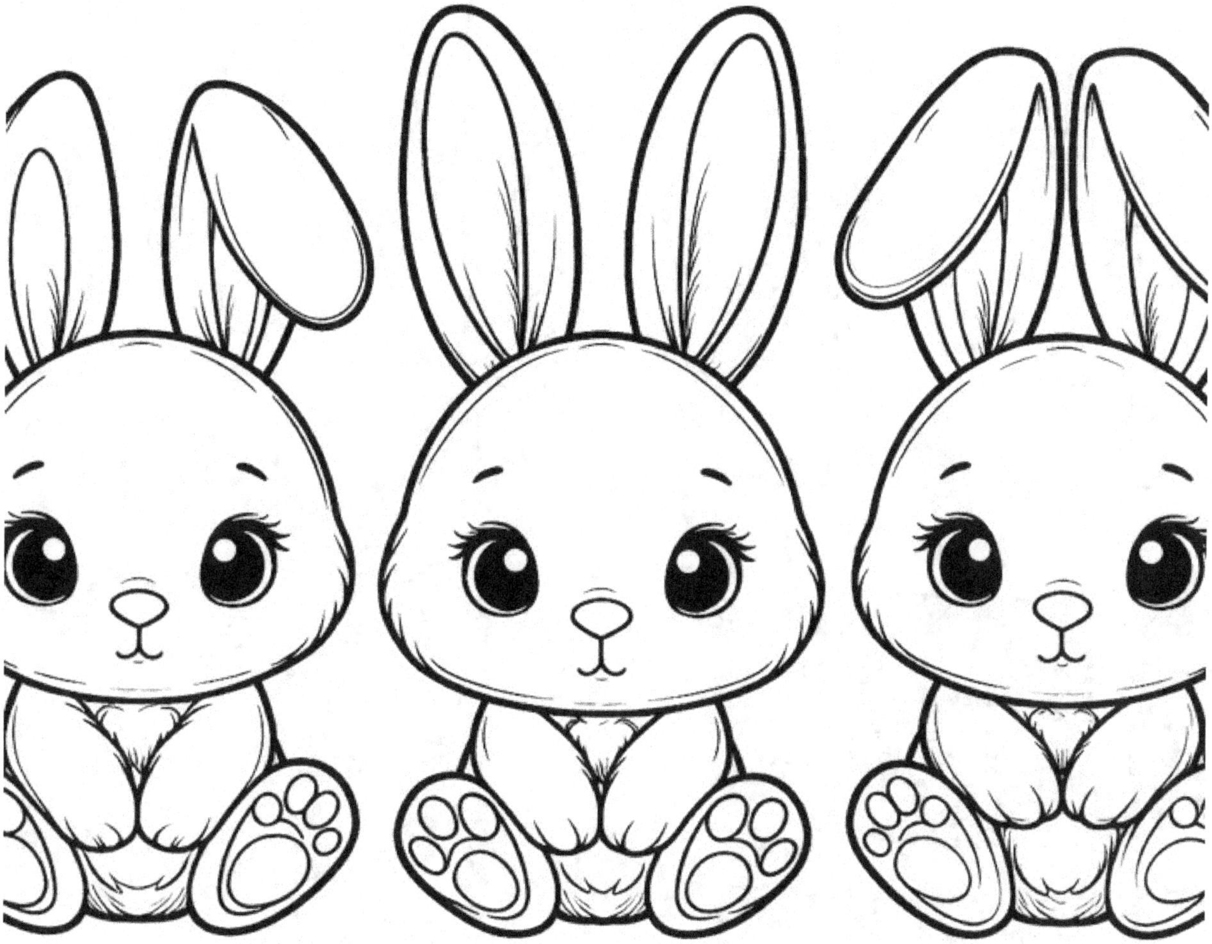

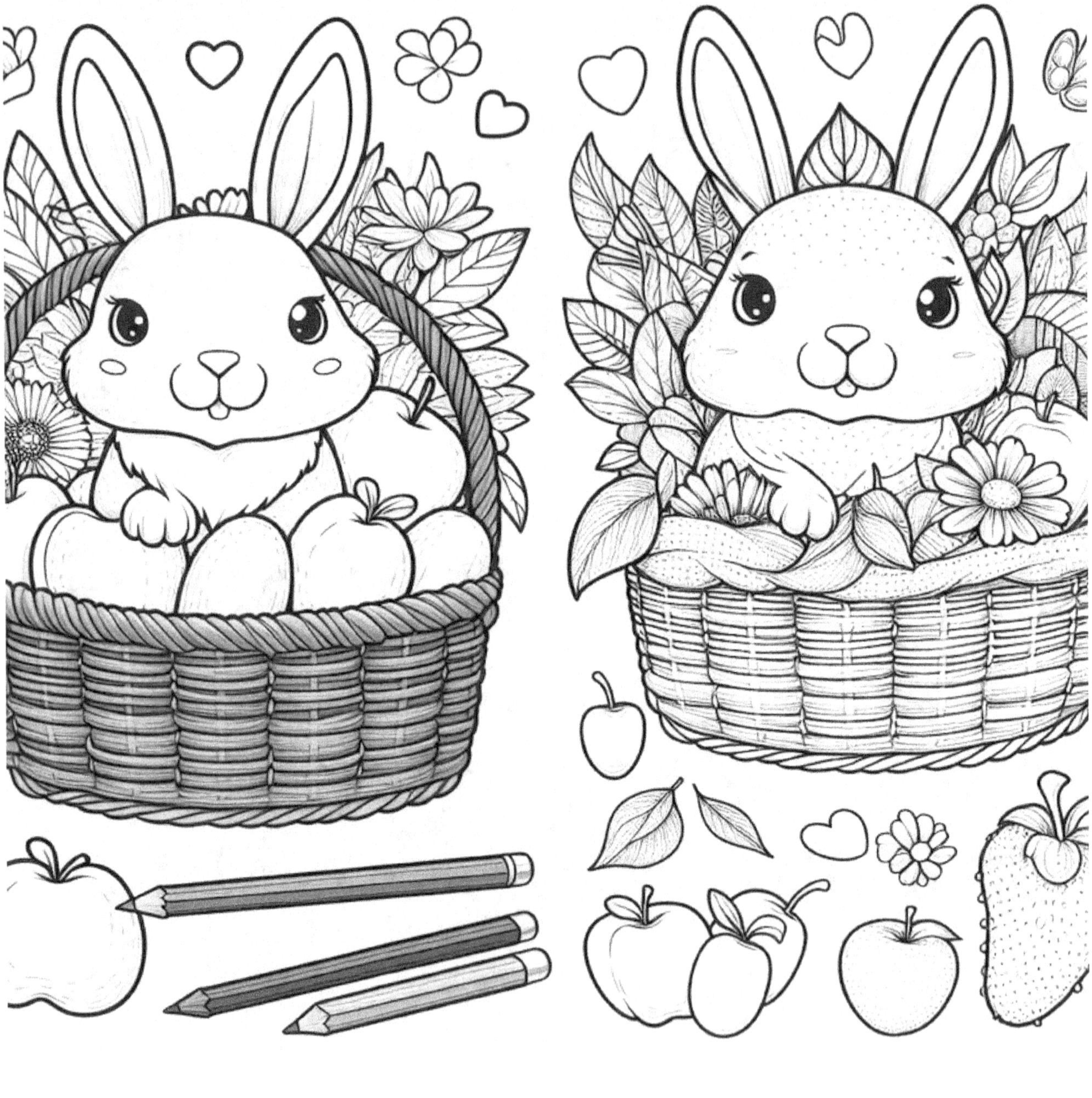

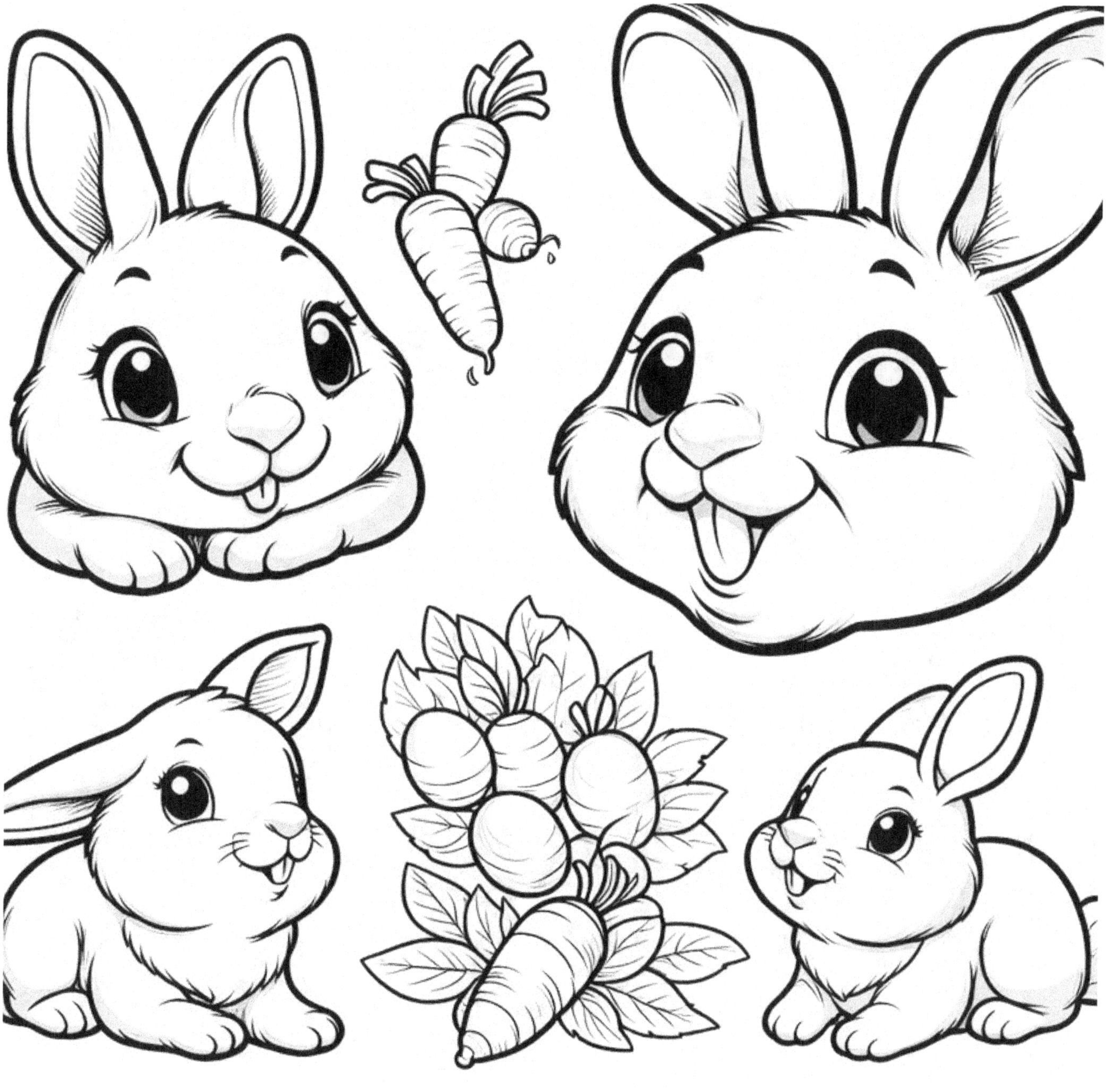

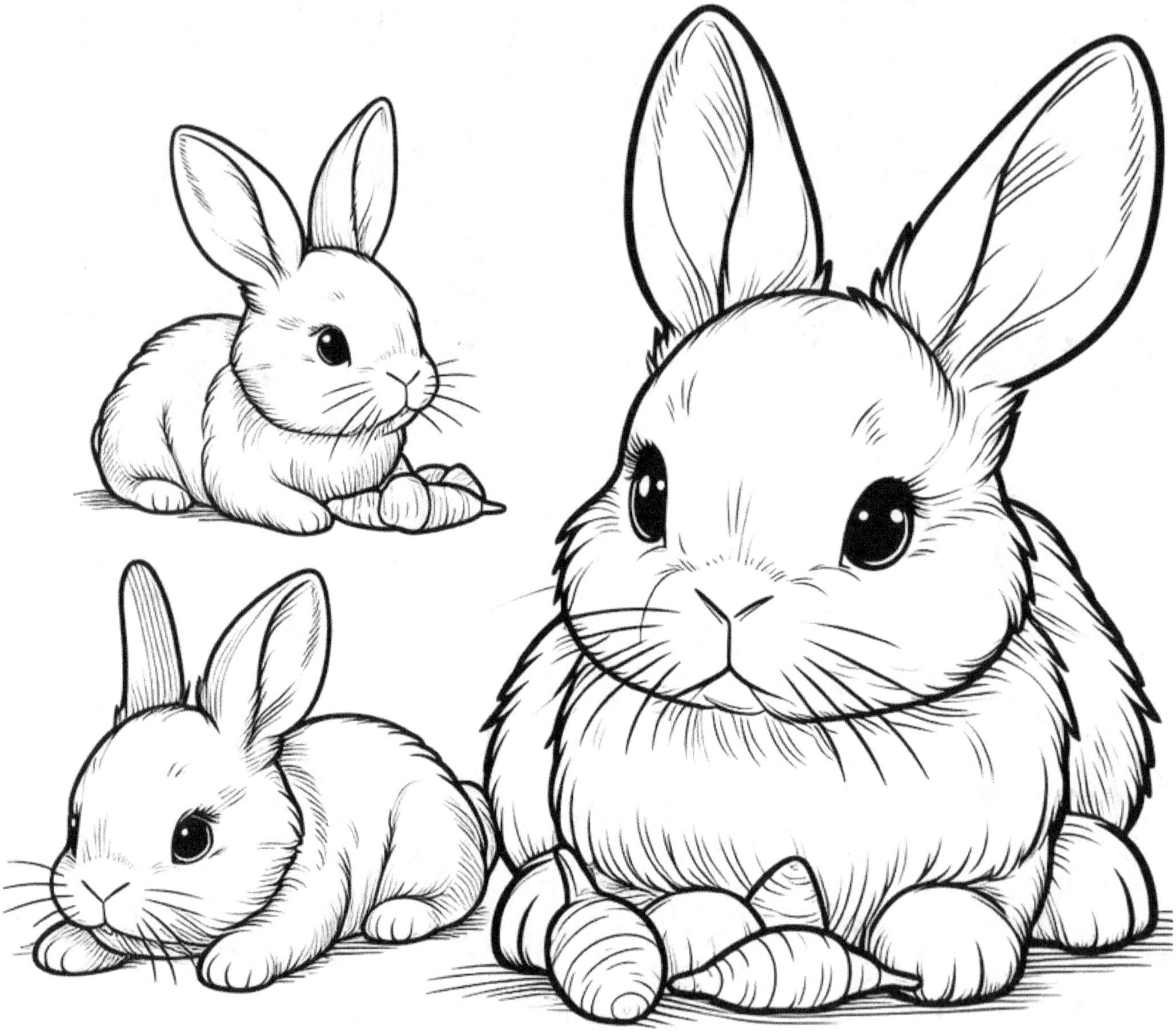

www.ingramcontent.com/pod-product-compliance
Lightning Source LLC
Chambersburg PA
CBHW081022240526
45471CB00018B/3945
* 9 7 9 8 3 2 0 0 4 0 8 8 2 *